BEI GRIN MACHT SICH IHR WISSEN BEZAHLT

- Wir veröffentlichen Ihre Hausarbeit,
  Bachelor- und Masterarbeit

- Ihr eigenes eBook und Buch -
  weltweit in allen wichtigen Shops

- Verdienen Sie an jedem Verkauf

Jetzt bei www.GRIN.com hochladen
und kostenlos publizieren

Ausdauertraining. Erstellung eines Trainingsplans

Jannik Trautwein

Bibliografische Information der Deutschen Nationalbibliothek:

Die Deutsche Nationalbibliothek verzeichnet diese Publikation in der Deutschen Nationalbibliografie; detaillierte bibliografische Daten sind im Internet über http://dnb.d-nb.de abrufbar.

ISBN: 9783346839817
Dieses Buch ist auch als E-Book erhältlich.

© GRIN Publishing GmbH
Nymphenburger Straße 86
80636 München

Druck und Bindung: Books on Demand GmbH, Norderstedt Germany
Gedruckt auf säurefreiem Papier aus verantwortungsvollen Quellen

Das vorliegende Werk wurde sorgfältig erarbeitet. Dennoch übernehmen Autoren und Verlag für die Richtigkeit von Angaben, Hinweisen, Links und Ratschlägen sowie eventuelle Druckfehler keine Haftung.

Das Buch bei GRIN: https://www.grin.com/document/1334798

Deutsche Hochschule für
Prävention und Gesundheitsmanagement
Hermann Neuberger Sportschule 3
66123 Saarbrücken

Einsendeaufgabe

Fachmodul:	Trainingslehre 2
Studiengang:	Gesundheitsmanagement
Name, Vorname:	Trautwein, Jannik
Studienort:	**Stuttgart**
Semester:	**WS 2018**

Inhaltsverzeichnis

1 Diagnose

Für eine optimale Trainingssteuerung benötigt man eine Diagnose. Hierbei werden mittels eines Eingangsgesprächs und gegebenenfalls einer InBody Messung allgemeine Daten (Alter, Geschlecht, etc.) sowie biometrische Daten (Blutdruck, Muskelmasse, etc.) erhoben, um den Leistungs- und Gesundheitszustand einordnen zu können. Für eine optimale Trainingsplanung sollten zusätzlich Trainingsmotive, Zeitbudget und gesundheitliche Einschränkungen geklärt werden, um einen Soll-Zustand anzustreben.

1.1 Allgemeine und biometrische Daten

Tab. 1: Allgemeine Daten (eigene Darstellung)

Alter	48 Jahre
Geschlecht	weiblich
Gewicht	75,6 kg
Körpergröße	162 cm
Trainingsmotive	Fettreduktion, gesünder Leben
Berufliche Tätigkeit	Krankenschwester
Frühere sportliche Aktivitäten	In jungen Jahren Garde getanzt.
Aktuelle sportliche Aktivitäten	kaum sportliche Aktivitäten. Einmal im Jahr Ski fahren. Tägliche kurze Gassi Runden mit dem Hund
Zeitbudget	Zwei Stunden pro Trainingseinheit
Trainingsumfang	Drei Trainingseinheiten pro Woche: Montag, Mittwoch und Freitag.
Leistungsstufe	Beginner. Unterdurchschnittlich trainiert

Tab. 2: Biometrische Daten (eigene Darstellung)

Was wurde gemessen?	Wie viel?	Normwerte	Beurteilung
Gewicht	75,6	48,0-64,9	Überbereich
Muskelmasse in kg	23,9	21,4-26,2	Normalbereich
Körperfettmasse in kg	32,3	11,3-18,1	Überbereich
Körperfett in %	37.4	18,0-28,0	Überbereich
BMI in kg/m ^{2}	28,81	18,5-25,0	Überbereich
Taille-Hüft-Quotient	0,89	0,75-0,85	Überbereich
Blutdruck in mmHg	Systolisch: 143 Diastolisch: 88	<130 - <85	Arterielle Hypertonie 1
Ruhepuls in S/min	75	60-80 (American Heart Association, 2015)	Normalbereich

Die biometrischen Daten wurden bei der Anamnese mit Hilfe einer InBody Waage erhoben. Die Normwerte beziehen sich auf die Befundbögen der InBody Waage (JP Global Markets GmbH: InBody Vertriebspartner für Deutschland und Österreich). Aus

Tabelle 2 ist zu entnehmen, dass die Körperzusammensetzungen in einem schlechten Zustand sind. Sowohl das Gewicht, die Körperfettmasse als auch das Körperfett sind in einem deutlichen Überbereich. Ihr BMI ist mit 28,81 kg/m² ebenfalls erhöht und lässt sich in den Bereich Übergewicht einordnen. Neben dem zu hohen Taille-Hüft-Quotient, ist ebenfalls der Blutdruck aufgrund des systolischen Werts in einem gesundheitsgefährdenden Zustand. Die Probandin gehört zur Risikogruppe einer arteriellen Hypertonie Stufe 1 (siehe Tab.4). Lediglich ihre Muskelmasse und der Ruhepuls liegen im Normalbereich.

Tab. 3: Klassifikation der Blutdruckwerte (modifiziert nach den ESC/ESH Leitlinien von 2018)

Category	Systolic (mmHg)		Diastolic (mmHg)
Optimal	<120	and	<80
Normal	120–129	and/or	80–84
High normal	130–139	and/or	85–89
Grade 1 hypertension	140–159	and/or	90–99
Grade 2 hypertension	160–179	and/or	100–109
Grade 3 hypertension	$\geq$180	and/or	$\geq$110
Isolated systolic hypertension[b]	$\geq$140	and	<90

Tab. 4: Allgemeiner Gesundheitszustand (eigene Darstellung)

Orthopädische oder internistische Probleme	Keine bekannten Probleme
Ärztliche Behandlungen	Befindet sich derzeit in keiner ärztlichen Behandlung
Einnahme von Medikamenten	Nimmt blutdrucksenkende Medikamente. Keine Beta-Blocker

Ihr allgemeiner Gesundheitszustand bringt, im Gegensatz zu ihren biometrischen Werten, kaum bis keine neuen Einschränkungen mit sich. Lediglich die Blutdrucksenkenden Medikamente sind zu beachten.

1.2 Leistungsdiagnostik/Ausdauertestung

Der Ausdauertest ist ein wichtiger Bestandteil der Trainingssteuerung, um sowohl den Leistungszustand als auch den Trainingserfolg beurteilen zu können. Aufgrund der mangelnden Trainingserfahrung und dem schlechten gesundheitlichen Zustand wird von einem Hollmann & Venrath (H&V) oder einem Vita-Maxima-Test abgeraten. Bei beiden

Testverfahren wird mit einer höheren Eingangsbelastung begonnen und auch die Belastungssteigerung erfolgt mit größeren Stufen. Das Testverfahren durch H&V wird bei durchschnittlich bis gut trainierte Personen herangezogen. Der Vita-Maxima-Test ist aufgrund der vollständigen Ausbelastung, welche im Test versucht wird zu erzielen, nur bei Ausdauer- beziehungsweise Leistungssportler ratsam. Aus diesen Gründen wurde das Testverfahren der WHO herangezogen. Die Zielgruppe der WHO-Testung liegt bei leistungsschwachen Personen, untrainierte Frauen und Übergewichtige. Alle drei Faktoren stimmen mit der Probandin überein. Ziel des Ausdauertest nach WHO ist es den aktuellen Leistungszustand der Probandin zu bestimmen und dadurch eine Trainingsintensität abzuleiten. Folgen weitere Testungen in Form von Re-Tests kann zusätzlich die Leistungsentwicklung aufgezeigt werden.

1.2.1 Durchführung

Bei einer Person mit Hypertonie ist es wichtig, dass eine vorherige kardiologische Untersuchung stattgefunden hat und der Arzt einem Ausdauertraining zustimmt. Gibt es am Tag der Ausdauertestung gesundheitliche Defizite wird die Testung auf einen neuen Termin verschoben. Faktoren für ein nicht stattfinden der Ausdauertestung sind zum Beispiel akute fieberhafte Erkrankungen, Entzündungen und Infektionen. Sind alle Faktoren in Ordnung kann eine Leistungsdiagnostik stattfinden.

Das Testgerät ist der Fahrradergometer. Beginnend mit einer Eingangsbelastung von 25 Watt, findet alle zwei Minuten eine Belastungssteigerung von ebenfalls 25 Watt statt. Die Trittfrequenz liegt bei 70 Umdrehungen pro Minute. Zusätzlich wird nach jeder Minute die Herzfrequenz abgelesen und im Belastungsprotokoll eingetragen. Die Belastung wird so lange gesteigert, bis die Probandin die Pulsobergrenze von 180 – Lebensalter erreicht hat. Bei unserer Testperson liegt die Pulsobergrenze bei 132 Schläge pro Minute. Die Wattleistung der zuletzt vollständig durchgefahrenen Belastungsstufe bei Erreichen der Pulsobergrenze von 132 Schlägen pro Minute wird als Testgröße verwendet. Wird die Pulsobergrenze inmitten einer Belastungsstufe erreicht so wird diese Stufe noch bis zum Ende gefahren. Die Zeit, welche nach der letzten vollständigen Belastungsstufe erreicht wurde, wird zeitinterpoliert dazu gerechnet. Die gefahrene Wattleistung kann mit den Normwerten für die jeweilige Altersstufe und das jeweilige Geschlecht verglichen werden.

Die folgende Tabelle stellt den Verlauf und die Ergebnisse des WHO-Test dar.

Trainingsbelastung	Zeit in Minuten	Umdrehungszahl	Herzfrequenz
25 Watt	0:00-0:59	70	99
25 Watt	1:00-1:59	70	103
50 Watt	2:00-2:59	70	107
50 Watt	3:00-3:59	70	112
75 Watt	4:00-4:59	70	118
75 Watt	5:00-5:59	70	123
100 Watt	6:00-6:59	70	129
100 Watt	7:00-8:00	70	132

1.2.2 Bewertung der Testergebnisse

Die Auswertung der Testergebnisse ergibt eine Watt-Soll-Leistung von 1,32 Watt pro Kilogramm Körpergewicht. Verglichen mit den Normwerten (IPN, 2004) lässt sich die Ausdauerfähigkeit in einen unterdurchschnittlichen Bereich einordnen. Um in einen Bereich zu erreichen, der dem Durchschnitt angehört, benötigt die Probandin eine Watt-Soll-Leistung von 1,60. Der Test gilt als Grundlage für die weitere Trainingssteuerung. Er gibt Aufschluss darüber, dass die Probandin vermindert trainierbar ist und erst langsam an höhere Belastungen herangeführt werden muss. Anhand von weiteren Testungen kann eine Entwicklung der Kundin aufgezeigt werden.

1.3 Gesundheits- und Leistungsstatus der Person

Die Person hat kaum bis gar keine Beschwerden, dennoch ist ihre Gesundheit in einem schlechten Zustand. Ihre arterielle Hypertonie ist auf ihr Übergewicht zurück zu führen, welches durch eine falsche Ernährung aber auch durch körperliche Inaktivität begünstig wird (Steffel & Lüscher, 2011, S.24). Sie befindet sich nicht in ärztlicher Behandlung und hat auch sonst keine Krankheit, was ihre Belastbarkeit im Hinblick auf das Ausdauertraining nicht weiter beeinträchtigt. Jedoch aufgrund ihrer arteriellen Hypertonie, ihres Übergewichtes und ihrer aktuellen Leistungsstufe ist die Frau, zumindest für den Anfang, nur mäßig trainierbar, was für die weitere Trainingsplanung wichtig ist. Zusätzlich nimmt sie blutdrucksenkende Medikamente.

2 Zielsetzung/Prognose

Tab. 6: Ziel Nummer 1: Reduktion der Körperfettmasse (eigene Darstellung)

Inhalt	Ausmaß	Zeit
Reduktion der Körperfettmasse	8 kg	6 Monate

Die Probandin leidet unter Übergewicht und weist somit ein höheres Risiko an Folgeer-krankungen, wie Diabetes Mellitus Typ 2, Herzinfarkt aber auch orthopädische Krank-heitsbilder, auf (Korczak & Kister, 2013, S.5). Zusätzlich können soziale und berufliche Stigmata dazu führen, dass man unter psychischen Störungen oder Depressionen leidet (Korczak & Kister, 2013, S.5). Aus diesen Gründen leitet sich das erste Ziel, die Reduk-tion der Körperfettmasse ab. Um ihr Trainingsmotiv zu berücksichtigen und den Risiken entgegen zu wirken wurde eine Reduktion von 8 Kilogramm in 6 Monaten festgelegt.

Tab. 7: Ziel Nummer 2: Senkung des Blutdrucks (eigene Darstellung)

Inhalt	Ausmaß	Zeit
Senkung des Blutdrucks in mmHg	Um 15 systolisch und 5 diastolisch	3 Monaten

Die Kundin hat eine arterielle Hypertonie wovon sich die Senkung des Blutdrucks als zweites Ziel ableitet. Ziel ist es die arterielle Hypertonie, in der sich die Kundin gerade befindet, zu senken und den Blutdruck im normalen Bereich, also zwischen 120-129 mmHg systolisch und 80-84 mmHg diastolisch zu halten. Laut Wahle (2009) ist eine Senkung des Blutdrucks (jeweils in mmHg) um 10-15 systolisch und 5-10 diastolisch in acht Wochen als realistisch anzusehen. Daraus wurde das Ziel abgeleitet, Blutdrucksen-kung um 15 mmHg systolisch und 5 mmHg diastolisch.

Tab. 8: Ziel Nummer 3: Stärkung des Immunsystems (eigene Darstellung)

Inhalt	Ausmaß	Zeit
Stärkung des Immunsystems	keine Infektionen	nach den ersten 12 Wochen Training, mindestens 12 Monate.

Das dritte Ziel bezieht sich nicht auf biometrische oder sportmotorische Parameter, son-dern auf die Gesundheit der Probandin. Aufgrund ihrer beruflichen Tätigkeit als Kran-kenschwester kommt sie des Öfteren mit Krankheitserregern in Kontakt, weshalb sie mehrmals im Jahr über grippale Infekte klagt. Diese Krankheitsfälle sollen reduziert wer-den beziehungsweise nicht mehr auftreten. Deshalb wurde das Ziel, nach den ersten 12 Trainingswochen mindestens 12 Monate infektionsfrei zu sein, erstellt. Hierbei wird eine Stärkung des Immunsystem durch aerobes Ausdauertraining angestrebt.

3 Trainingsplanung Mesozyklus

Ein Mesozyklus ist ein Trainingsabschnitt, welcher aus mehreren einzelnen Mikrozyklen besteht. Viele Mesozyklen bilden wiederum einen Makrozyklus. Das Ziel eines Mikro beziehungsweise Makrozyklus ist die Herausbildung der komplexen sportlichen Leistungsfähigkeit auf einem immer höheren Niveau (Schnabel, 1997, S.323). Im weiteren Verlauf wird der Mesozyklus 1 der Probandin näher beschrieben.

3.1 Grobplanung Mesozyklus

In der folgenden Tabelle wird der erste Mesozyklus dargestellt. Er dient als Einstieg in das Ausdauertraining. Nach Beendigung folgen weitere Mesozyklen, um auch die langfristigen Ziele erreichen zu können. Diese Mesozyklen werden im Zuge dieser Einsendeaufgabe nicht dargestellt.

Tab. 9: Grobplanung des Mesozyklus 1 (eigene Darstellung)

Mesozyklus	
Dauer	6 Wochen
Spezifisches Trainingsziel	Entwicklung der Grundlagenausdauer
Wöchentlicher Gesamttrainingsumfang	60 bis 130 Minuten
Trainingsmethoden	extensive Dauermethode variable Dauermethode
Belastungsintensitäten	60-70% Hf. max. (extensiv) 75-80% Hf. max. (variabel)
Trainingseinheiten pro Woche	2-3 Einheiten
Trainingsdauer pro Einheit	30-50 min
Trainingsgerät/e	Fahrrad, Laufband, Stepper

3.2 Detailplanung Mesozyklus

Die nachfolgende Tabelle stellt den Mesozyklus im Detail dar. Die maximale Herzfrequenz wurde nach (ACSM, 1998) festgelegt und berechnet. Für das Fahrrad gilt 200 - Lebensalter. Für das Laufband und den Stepper wird die maximale Herzfrequenz mit 220 - Lebensalter berechnet. Bedeutet uns liegt eine maximale Herzfrequenz von 142 S/min, auf dem Fahrrad, vor und auf Laufband und Stepper liegt diese bei 162 S/min.

Tab. 10: Detailplanung des Mesozyklus 1 (eigene Darstellung)

Woche 1	Montag	Mittwoch	Freitag	Woche 2	Montag	Mittwoch	Freitag
Trainingsziel	GA1	-	GA1	Trainings-ziel	GA1	-	GA1
Trainings-methode	Ext. DM	-	Ext. DM	Trainings-methode	Ext. DM	-	Ext. DM
Trainingsin-tensität	60-70% Hf. max.	-	60-70% Hf. max.	Trainingsin-tensität	60-70% Hf. max.	-	60-70% Hf. max.
Trainings-dauer	30 min.	-	30 min.	Trainings-dauer	30 min.	-	30 min.
Trainingsge-rät	Fahrrad	-	Fahrrad	Trainings-gerät	Stepper	-	Stepper
Woche 3	**Montag**	**Mittwoch**	**Freitag**	**Woche 4**	**Montag**	**Mittwoch**	**Freitag**
Trainingsziel	GA1	-	GA1	Trainings-ziel	GA1	-	GA1
Trainings-methode	Ext. DM	-	Ext. DM	Trainings-methode	Ext. DM	-	Ext. DM
Trainingsin-tensität	60-70% Hf. max.	-	60-70% Hf. max.	Trainingsin-tensität	60-70% Hf. max.	-	60-70% Hf. max.
Trainings-dauer	30 min.	-	40 min.	Trainings-dauer	35 min.	-	45 min.
Trainingsge-rät	Laufband	-	Stepper	Trainings-gerät	Laufband	-	Stepper
Woche 5	**Montag**	**Mittwoch**	**Freitag**	**Woche 6**	**Montag**	**Mittwoch**	**Freitag**
Trainingsziel	GA1	GA1	GA1	Trainings-ziel	GA1	GA1	GA1
Trainings-methode	Ext. DM	Var. DM (1:4)	Ext. DM	Trainings-methode	Ext. DM	Var. DM (1:4)	Ext. DM
Trainingsin-tensität	60-70% Hf. max.	8 min: 60-70% Hf max 2 min: 75-80% Hf max	60-70% Hf. max.	Trainingsin-tensität	60-70% Hf. max.	8 min: 60-70% Hf max 2 min: 75-80% Hf max	60-70% Hf. max.
Trainings-dauer	35 min.	30 min.	45 min.	Trainings-dauer	40 min.	40 min.	50 min.
Trainingsge-rät	Laufband	Fahrrad	Stepper	Trainings-gerät	Laufband	Fahrrad	Stepper

3.3 Begründung zum Mesozyklus

Anhand der folgenden Unterkapitel werden die einzelnen Faktoren des Mesozyklus 1 begründet.

3.3.1 Begründung zum angestrebten wöchentlichen Belastungsumfang

Die Kundin hat noch keine Erfahrungen im Ausdauersport gesammelt, weshalb es wichtig ist, sie langsam an die neuen Belastungen heranzuführen. Zusätzlich kommt es nicht zu

9/15

übermäßig langen Trainingseinheiten, sodass eine Demotivation minimiert wird. Geplant wird eine wöchentliche, sukzessive Belastungssteigerung, um das Leistungsniveau stetig zu verbessern und eine Überforderung der Probandin auszuschließen.

3.3.2 Begründung zu den ausgewählten Trainingsmethoden

Die Trainingsmethoden bestehen aus der extensiven Dauermethode und der variablen Dauermethode. Der Schwerpunkt liegt allerdings auf der extensiven Dauermethode. Diese dient als Basis für eine sportliche Ausdauerleistung. Hierbei wird die Grundlagen-ausdauer 1 verbessert. Bei der extensiven Dauermethode wird in Intensitätsbereichen zwischen 60 bis 70 % gearbeitet, welche auch in Betracht auf die Motivation leichter durchzuhalten sind (Huonker, 2004, S. 120). Zusätzlich wird hierbei ein Zusammenhang mit den Trainingsziel, Verbesserung des Immunsystems, geknüpft (Zintl & Eisenhut, 2001). Die variable Dauermethode lässt sich in den letzten beiden Trainingswochen des Mesozyklus 1 wiederfinden. Mit einem Verhältnis von 1:4 wird sichergestellt die Probandin nicht zu überfordern aber trotzdem neue Trainingsreize zu setzen. Hierbei wird sie langsam an höhere Intensitäten herangeführt. Die intensive Dauermethode beziehungsweise die extensive Intervallmethode wurden bewusst nicht berücksichtigt, da der Leistungszustand der Kundin diesen hohen Belastungsforderungen nicht gerecht wird. Hier bleibt für die weiteren Mesozyklen genug Raum für Progression.

3.3.3 Begründung zur Belastungsprogression

Die Belastungsprogression kann mit den Variablen Häufigkeit, Umfang und Intensität gesteuert werden. Auch hier spiegelt sich die geringe Belastung zu Trainingsbeginn wi-der. Es wird mit einer Trainingshäufigkeit von zwei Einheiten pro Woche begonnen und wird ab Woche fünf auf drei Einheiten gesteigert. Auch beim Umfang ist eine Progression erkennbar. In Woche eins und zwei wurde der Umfang noch konstant bei 30 Minuten gehalten, da hier ein Wechsel der Geräte vom Fahrrad auf den Stepper vorliegt und somit eine höhere Beanspruchung miteinher geht. Ab Woche drei ist eine sukzessive Steigerung des Umfangs zu erkennen. Die Intensitäten bleiben größtenteils unverändert. Lediglich bei der variablen Dauermethode kommt es zu einem Anstieg der Herzfrequenz, um wei-tere Trainingsreize zu setzen.

Diese Belastungsprogression dient für einen optimalen Einstieg in das Ausdauertraining, sodass die Krankenschwester nicht überfordert wird aber trotzdem eine Steigerung des Leistungsniveaus erfährt.

3.3.4 Begründung zu den angesteuerten Trainingsbereichen

Aufgrund des Leistungszustandes der Probandin wurde ein Trainingsbereich unterhalb der anaeroben Schwelle beziehungsweise im aeroben Bereich ausgewählt. Zu hohe Belastungen würden die Kundin überfordern und die Gefahr einer Demotivation beziehungsweise eines Übertrainings damit einhergehen. Der Trainingsbereich liegt durch die extensive Dauermethode in der Grundlagenausdauer 1 (Neumann et al., 2007). Hierbei wird eine erhöhte Laktatproduktion und somit eine mögliche Übersäuerung der Muskulatur vermieden. Bei wöchentlicher und regelmäßiger Trainingsbelastung können bei weiteren Mesozyklen, höhere Trainingsbereiche angesteuert werden. Dabei würde die Probandin weitere Effekte für ihren Herzkreislauf erzielen (Zintl & Eisenhut, 2001).

3.3.5 Begründung der ausgewählten Ausdauergeräte

Die Wahl der Ausdauergeräte wurde auf drei Geräte begrenzt. Als erstes Trainingsgerät wurde auf Grund des unterdurchschnittlichen Leistungszustand der Probandin, das Fahrrad gewählt. Weitere Gründe für die Auswahl des Trainingsgeräts liegt darin, dass sowohl die Belastung auf den Bewegungsapparat als auch die koordinativen Anforderungen sehr gering sind. Um den Kalorienverbrauch und den kardiopulmonalen Trainingseffekt zu steigern wurde im weiteren Verlauf des Mesozyklus 1 der Stepper beziehungsweise das Laufband mit ins Training eingebunden. Somit finden wir Blutdruckbelastungen vor, welche zum einen die Herzdruckarbeit und zum anderen die Herzvolumenarbeit fordern. Dadurch werden optimale Anpassungen des Herzkreislaufs erzielt. Die gewünschten Trainingsintensitäten können durch mögliche individuelle Belastungsdosierungen an den Geräten eingestellt werden.

4 Literaturrecherche

Tab. 11 Studienvergleich zum Thema Ausdauertraining bei arterieller Hypertonie (eigene Darstellung)

	Studie 1 (Meißner, 2011)	Studie 2 (R. Ketelhut, U.Behr und I.-W. Franz, 1987)
Wer hat die Studie durchgeführt?	Romy Meißner	R. Ketelhut, U.Behr und I.-W. Franz
In welchem Jahr wurde die Studie publiziert?	2011	1987
Welche Forschungsfragen wurden untersucht?	Welche Effekte löst ein 12-wöchiges Ausdauertraining, auf die körperliche Leistungsfähigkeit und den psychischen Zustand von älteren Patienten	Kann der Ruheblutdruck bei Hochdruckkranken durch ein regelmäßiges Ausdauertraining gesenkt werden?

	mit isolierter systolischer Hypertonie, aus? Kommt es zum Auftreten von Blutdruckspitzen während des Trainings und der Spiroergometrie?	Gilt dieses auch für das Blutdruckverhalten während standardisierter Ergometrie? Wird durch regelmäßiges Ausdauertraining bei Hochdruckkranken bewirkt, dass der Blutdruck nach akuter Ausdauerbelastung noch über längeren Zeitraum gesenkt bleibt?
Mit welchen Versuchspersonen wurden die Studien durchgeführt?	Insgesamt 57 Teilnehmer. Sechs davon schieden frühzeitig aus. Die Daten von 51 Teilnehmer wurde ausgewertet. Diese wurden aufgeteilt in Trainingsgruppe und Kontrollgruppe. Trainingsgruppe: bestehend aus 24 Teilnehmer. Elf weiblich und 13 männlich im Alter von 67,2 +/- 4,8 Jahren mit isoliertem systolischem Bluthochdruck. Kontrollgruppe: bestehend aus 27 Teilnehmern. 16 weiblich und elf männlich im Alter von 68,9 +/- 5,2 Jahren mit isoliertem systolischem Bluthochdruck	10 männliche untrainierte Patienten im Alter von 43,3 +/- 3,1 Jahren. Aufgrund des Ruheblutdrucks und des Blutdruckverhaltens während und nach standardisierter Ergometrie als Hypertoniker der Stufe 1 eingeteilt worden.
Wie sah der Versuchsaufbau aus?	Die Aufteilung in Trainings- und Kontrollgruppen erfolgte zufällig. Patienten der Trainingsgruppe führten ein 12-wöchiges Ausdauertraining auf dem Laufband durch. Die Kontrollgruppe absolvierte kein Training. Die Trainingsgruppe absolvierte pro Woche drei Einheiten und somit hatten sie insgesamt 36 Trainingstage. Das Trainingsprogramm wurde als Intervall-Training mit systematischer Steigerung des Belastungsumfang. Die Pausenzeit lag bei über drei Minuten und wurde in der Regel aktiv gestaltet. Die Trainingssteuerung erfolgte mittels Laktatkonzentration, Herzfrequenzen und die subjektiven Befindlichkeiten der Patienten. Bei Abweichungen wurde die Geschwindigkeit beziehungsweise die Steigung angepasst.	Phase 1: an einem arbeitsfreien Samstag wurde der Ruheblutdruck liegend alle zehn Minuten für eine Stunde ermittelt. Phase 2: Blutdruckverhalten während einer standardisierten Ergometrie sowie 5 min danach ermittelt. Phase 3: Nach einer 15-minütigen Pause erfolgte eine Ausdauerbelastung auf dem Fahrradergometer bei einer konstanten Herzfrequenz zwischen 130-140 S/min über 60 Minuten. Phase 4: Blutdruck wurde alle 10 Minuten im Liegen über zwei Stunden gemessen. Diese Untersuchungen wurden sechs und 18 Monate nach einem regelmäßigen, zweimal wöchentlichen, angepassten Ausdauertraining wiederholt.
Welche Ergebnisse liefert die Studie? Welche Schlussfolgerungen liefert die Studie?	Signifikante Verbesserungen der Trainingsgruppe in den Bereichen maximale Leistungsfähigkeit (in Watt), Blutdruck bei submaximaler Belastung, Laktatwerte bei submaximaler Belastung, Herzfrequenz bei submaximaler Belastung und der	Der Ruheblutdruck bei Trainingsbeginn von 126,362 /92,362 mmHg wurde durch das sechs-monatige Ausdauertraining kaum beeinflusst. Nach 18 Monaten war eine signifikante Senkung auf 121+/- 8 und 86 +/- 8 nachweisbar.

Werte auf der Borg-Skala bei sub-
maximaler Belastung. Das Auftreten
der Blutdruckspitzen variierte stark.
50 % der Teilnehmer hatten keinen
Blutdruckwert über 180 mmHg. Die
anderen 50 % wiesen eine unter-
schiedliche Anzahl an Spitzen auf.
Ein Teilnehmer brachte es auf 18
Blutdruckspitzen an 36 Trainingsta-
gen.
Schlussfolgerung:
Ein 12wöchiges Ausdauertraining
wirkt sich positiv, auf die in den Er-
gebnissen genannten Aspekten,
aus. Bei einem Teilnehmer konnte
ein Zusammenhang zwischen den
erhöhten Blutdruckwerten in der Ein-
gangsuntersuchung und den mehrmals auftretenden erhöhten Werten
im Training gefunden werden. Diese
Studie gibt Aufschluss über die posi-
tiven Effekte bei körperlicher Aktivi-
tät mit isolierten systolischen Hyper-
tonikern.

Bei der standardisierten Ergometrie
war eine signifikante Senkung des
Blutdrucks schon nach sechs Monaten nachweisbar. Der Blutdruck sank
von 184 +/- 10 und 107 +/- 6 mmHg
auf 170 +/- 10 und 100 +/- 7 mmHg.
Auch die Herzfrequenz wurde von
116 +/- 11 S/min auf 106 +/- 9 S/min
deutlich gesenkt.
Schlussfolgerung: Ein richtig dosier-
tes, regelmäßiges durchgeführtes,
mehrwöchiges Training führt bei
Hochdruckkranken zur Senkung des
Ruheblutdrucks, des Blutdrucks
während der standardisierten Ergometrie und des Blutdrucks nach län-
geren Ausdauerbelastungen.

5 Literaturverzeichnis

American College of Sports Medicine (1998): The recommended quantity and quality of exercise for developing and maintaining cardiorespiratory and muscular fitness, and flexibility in healthy adults. In: *Medicine and science in sports and exercise* (30), S. 975–991.

American Heart Association. (2015). All abut Heart Rate (Pulse). Where is it and what is a normal heart rate? Zugriff am 06. 12 2019 Verfügbar unter https://www.heart.org/en/health-topics/high-blood-pressure/the-facts-about-high-blood-pressure/all-about-heart-rate-pulse

European Heart Journal. (25. August 2018). Von ESC/ESH Guidelines for the management of arterial hypertension. Zugriff am 27.11.2019. Verfügbar unter https://academic.oup.com/eurheartj/article/39/33/3021/5079119 abgerufen

JP Global Markets GmbH. InBody Vertriebspartner für Deutschland und Österreich. Zugriff am 27. 11. 2019. Verfügbar unter https://www.inbody.de/wissen/befundboegen.html

Huonker, M. (2004). Sekundärprävention und Rehabilitation von Herz-Kreislauferkrankungen - Pathophysiologische Aspekte und Belastungssteuerung von körperlichem Training. *Deutsche Zeitschrift für Sportmedizin, 55 (5),* 120.

Institut für Prävention und Nachsorge (2004): IPN-Test® - Ausdauertest für den Fitness- und Gesundheitssport: Zugriff am 6. 12 2019. Verfügbar unter file:///C:/Users/Jannik%20Trautwein/AppData/Local/Packages/Microsoft.Micro softEdge_8wekyb3d8bbwe/TempState/Downloads/IPN-Test%20(1).pdf

Ketelhut, R., Behr, U., & Franz, I.-W. (1987). *Sportmedizin-Kursbestimmung. Zur Wirkung eines 18monatigen regelmäßigen Ausdauertrainings auf das Blutdruckverhalten bei Hochdruckkranken in Ruhe und bei Belastung.* Kiel: Springer-Verlag.

Korczak, D., & Kister , C. (2013). *Wirksamkeit von Diäten zur nachhaltigen Gewichtsreduktion bei Übergewicht und Adipositas.* Köln: Deutschen Institut für Medizinische Dokumentation und Information.

Meißner, R. (2011). Dissertation. *Effekte eines 12-wöchigen Ausdauertrainings auf die körperliche Leistungsfähigkeit und den psychischen Zustand von Patienten mit isolierter systolischer Hypertonie.* Berlin.

14/15

Neumann, G., Pfützner, A., & Berbalk, A. (2007). *Optimiertes Ausdauertraining. (5. überarb.)*. Aachen: Meyer & Meyer.

Schnabel, G. (1997). *Trainingswissenschaft: Leistung - Training - Wettkampf*. Berlin: Sportverlag.

Steffel, J., & Lüscher, T. F. (2011). *Herz-Kreislauf*. Zürich: Springer-Verlag.

Wahle, S. (2009). *Optimiertes Krafttraining mit der ILB-Methode*. Hamburg: Books on Demand GmbH.

Zintl, F., & Eisenhut, A. (2001). *Ausdauertraining: Grundlagen - Methoden - Trainingssteuerung 5. Aufl*. München: BLV Sportwissen.

6 Abbildungs- und Tabellenverzeichnis

6.1 Abbildungsverzeichnis

6.2 Tabellenverzeichnis